꽃과 당신

말하듯 쓴 감성 생활시

꽃과 당신

오 세 창 첫 시집

머리글

먼저, 천방지축 아무것도 모르던 저를 보듬어 주시고 다듬어 주시고 격려와 칭찬과 응원으로 감싸주시며 용기를 낼 수 있도록 가르침을 주신 박종규 시인 목사님께 존경과 감사를 올립니다.

개인 단독 시집은 처음인지라 기대와 설렘으로 가득합니다. 아름답고 감성적인 문구나 함축된 시어를 잘 사용하였는지는 걱정입니다. 그저 일상생활에서 보고 들으며 느끼고 경험한 일들을 내가 도달 할 수 있는 감성의 깊이만큼 표현하려고 노력하였습니다. 그러다 보니 평상시 사용하는 일상적인 말로 쓴 생활 시가 많습니다.

괜히 시간 낭비하였다며 꾸짖지 마시고 이해하는 마음으로, 저를 변호하는 마음으로 읽어 주시면 더없는 기쁨이며 더없는 영광이고, 더없는 보람이 되겠습니다.

한 가지 욕심이 있다면 여러분들의 응원에 힘입어 제2의 시집을 계획할 수 있었으면 좋겠습니다. 그때는 독자의 감성을 자극하는 함축되고 아름다운 시어와 심연 깊은 곳에서 잠자고 있는 작은 추억과 작은 경험들을 끌어올리는 마중물 역할을 하는 시집다운 시집을 펴내는 것이 소망입니다.

두루두루 감사합니다.

2024. 6. 16
시인 **오 세 창**

차 례

머리글/ 4

제1부 미안한 당신/ 13

당신 만나는 날/ 15
꽃과 당신/ 16
여보 당신/ 17
생각나는 사람/ 18
우리는 한 몸/ 19
둘레길/ 20
미안한 당신/ 21
아내가 쓴 시/ 22
코로나19 거리두기/ 24
나의 가장 소중한 것/ 25
아내/ 26
마음의 만남/ 27
커피/ 28
네 생각/ 29
내 마음(1)/ 30
내 마음(2)/ 31

제2부 **봄이 오는 소리**/ 33

삼월의 어느 날/ 35
꽃 피는 춘삼월/ 36
봄이 오는 소리/ 38
봄이 오는 모습/ 39
올봄/ 40
아카시아꽃/ 42
기막혔던 만우절/ 43
꽃샘추위/ 44
한가한 어느 봄날/ 45
옥상 정원의 봄/ 46
나의 봄/ 48
봄비/ 49
완성된 봄/ 50
자연의 배려/ 51
5월/ 52
떠나는 봄/ 53

제3부 **비 내리던 연휴**/ 55

매미/ 57
무지개/ 58
바람/ 59
선풍기/ 60
꽃길/ 61
수다쟁이/ 62
강변 라이딩/ 64
반 팔 티 입는 날/ 66
천의 얼굴 물/ 67
에어컨/ 68
비 내리던 연휴/ 70
오염된 물/ 72

제4부 **가을날의 꽉 찬 회상**/ 73

낙엽/ 75
가을비/ 76
호수/ 78
낙엽/ 79
가을날의 꽉 찬 회상/ 80
가을밤의 회상/ 81
저녁노을/ 82
도토리/ 83
여의도/ 84
가을 소풍/ 85
첫눈/ 86

제5부 겨울이 좋다/ 89

널 닮은 겨울/ 91
겨울이 좋다/ 92
16강전/ 94
만추를 지나며/ 96
양지꽃/ 98
요즘 날씨/ 99
겨울비/ 100
확실히 해요/ 102
화이트 크리스마스/ 103

제6부 **사랑은 신기루**/ 105

사랑은 신기루/ 107
사랑은/ 108
생선 뼈/ 110
사랑(1)/ 111
사랑(2)/ 112
사랑(3)/ 113
사랑(4)/ 114
사랑(5)/ 115
웃음꽃/ 116
눈물/ 117
사랑이란/ 118

제7부 **늦은 깨달음**/ 121

발/ 123
세월아/ 124
늦은 깨달음/ 126
손/ 128
세월/ 129
쓸데없는/ 130
동심/ 132
아들/ 134
인생 정리/ 135
뻥튀기/ 136
지하철에서/ 137
눈과 마음/ 138
거짓말/ 139
교회 주차 봉사/ 140
마른 나뭇가지/ 141

에필로그/ 142

제1부 미안한 당신

당신 만나는 날
꽃과 당신
당신
생각나는 사람
우리는 한 몸
둘레길
미안한 당신
아내가 쓴 시
코로나19 거리두기
나의 가장 소중한 것
아내
마음의 만남
커피
네 생각
내 마음(1)
내 마음(2)

당신 만나는 날

오늘은
몸에서
향기가 난다

오늘은
내 마음이
온통 꽃밭이 되었나 보다

오늘은
당신 만나는 날

꽃과 당신

너무 닮았어

모든 걸 숨긴 채
조금씩 드러내는 것도

꽃봉오리처럼
터질 듯한 풍만함도

보면 볼수록
즐겁고 행복해지는 마음도

활짝 핀 아름답고 신비스런
예쁜 모습

가까이 가면
맡을 수 있는 달콤한 향기까지

세상에 꽃이 없다면
나에게 당신이 없다면

여보 당신

당신의 눈동자는 별을 닮아
내 마음을 설레게 하고

당신의 미소는 해를 닮아
내 마음을 따뜻하게 만든다

당신의 손을 잡으면
달콤한 향기가 온몸에 가득하고

당신과 함께 있는 곳
그곳이 천국이어라

생각나는 사람

아름답고 경치 좋은 곳에 가면
생각나는 사람, 당신

맛있는 걸 먹을 때
생각나는 사람, 당신

당신과 함께하는 시간
내 인생에 가장 아름다운 순간

당신의 취미생활로 늦게 들어오는
월 수 금요일 밤에는

내 귀를 현관에 걸어놓는다

우리는 한 몸

어디 가든
내 뒤를 묵묵히 따라오던 당신
내 말에 밝은 미소로 화답하며
뜻을 함께해준 고마운 당신

언제부터인지
당신 뒤를 내가 따라다니고
당신 말에 고개 끄덕이며
결정에 따르겠다는 뜻으로
보폭을 넓혀 당신 손을 잡는다

그렇게 그렇게 스며들어
이제 우리가 한 몸 되었네

둘레길

아름답고
예뻐 보이기만 하던 둘레길
가까이 가서 보니
수많은 대못이

갑자기
아내가 떠오른다
마음이 아파 온다
아름답고 예쁘기만 한 아내

가만히 들여다보니
수많은 못 자국이

미안한 당신

빨간 장미가
눈부시게 아름답다

장미꽃 아래 숨어있는
가시가 보인다

갑자기 당신 생각에
마음이 아프다

아내가 쓴 시

우리 아내가 심심한가 보다
시 쓰기 숙제를 하고 있는데
내 방문을 빼꼼히 몇 번을 열어 본다

오늘따라 유난히 감성이 살아나질 않는다

언뜻 머리를 스치는 잔꾀가 생각난다
나의 18번 책임 떠넘기기

당신이 자꾸 문을 열어보는 바람에
집중이 안 되어서 시가 써지지를 않으니
원인 제공자인 당신이 대신
시 한 편 쓰라며 억지를 부려본다

평소 같으면 말도 안 되는 소리 한다고
핀잔을 줄 텐데

오늘은 선뜻
그것이 뭐가 힘들다고 내가 써줄 게 한다

기대하지 않았지만
얼마 후 메모지 한 장을 내민다

코로나19 거리두기

네가 밉다
거리두기 하라고 하니

내 편마저
나하고 거리를 두네

이곳저곳 이 사람 저 사람
잘도 만나면서

나하고는
확실하게 거리를 두네

나의 가장 소중한 것

가족 친구 일 사랑하기 시쓰기
봉사 꿈 믿음 성취 취미생활…

내가 가장 많이 생각하는 거
내 옆에 가장 많이 함께 있는 것
함께 시간을 가장 많이 보내는 것
내가 가장 재밌어 하고 즐거워하는 것

무엇일까
선택 장애가 있는 나에겐
정말 어려운 일이다

아내

생각만 해도
힘이 되는 사람

옆에 있을 때면
하늘을 나는 기분이다

바라만 보아도
자신감 풀풀

손을 잡으면
천하장사가 따로 없다

마음의 만남

그대만 떠올리면
순수함과 진정성 있는
마음이 느껴진다

그리고는
내 마음과 섞여
요동친다
뜨거워진다
주체할 수 없어진다

그래서
달려갑니다
그대 곁으로

커피

매일 커피를 마신다
오늘은 커피에
그대 생각을 섞었다

우와
야
어우, 이 맛은
지구상에 있는 어떤 단어로
이 맛을 표현할 수가 있을까

네 생각

너를 생각하며
커피를 마신다

머리에는 온통 너의 생각뿐
커피잔이 비워졌을 때
가슴이 따뜻해진다
금방 뜨거워진다

머리에 있던 너의 생각
커피와 함께
가슴으로 내려왔나 보다

내 마음(1)

오늘도
마음이 아픈 걸 보니

아직
마음 줄 곳
찾지 못했나 보다

내 마음(2)

아침에 눈을 뜨니
내 마음이 안 보여
걱정했는데

이제야 보니
너에게 갔었구나

제2부 봄이 오는 소리

삼월의 어느 날
꽃 피는 춘삼월
봄이 오는 소리
봄이 오는 모습
올봄
아카시아꽃
기막혔던 만우절
꽃샘추위
한가한 어느 봄날
옥상 정원의 봄
나의 봄
봄비
완성된 봄
자연의 배려
5월
떠나는 봄

삼월의 어느 날

오늘은 여름 같은
삼월의 봄이다

겨울을 이겨낸
생명력 강한 화초들이

늦잠을 자다
화들짝 놀라 깨어난 모습이다

조심성 많은 화초 하나는
잎사귀 하나만 빼꼼히 내밀고

주변 상황과
온도를 살피고 있다

꽃 피는 춘삼월

저만치에서
눈치만 살피던 봄

내 마음의
문턱을 넘었다

세상은 온통
초록이들의
천지가 될 것이고

향긋한 풀 내음과
봄꽃 향기가
온 땅 덮을 것이다

나의 가슴에도
작은 꽃밭
하나를 만들자

그녀와 걸을 수 있는
예쁜 꽃길도…

봄이 오는 소리

봄꽃들과 초록이들의
나풀거리는 소리가 들린다

이제 막 겨울잠에서
깨어났나 보다

조석으로는 찬바람도 느껴지고
기온 차도 크지만

너희들의
소리 없는 작은 외침이

늘~그렇듯
모든 걸 바꿔놓고 있구나

봄이 오는 모습

보이나요
하늘 하늘거리며 오는
저 아름다운 모습이

들리나요
소곤소곤 다가오는
저 아름다운 소리가

느껴지나요
졸졸졸 얼음 밑을 흐르는
개울물의 아우성이

맡아지나요
솔솔솔 코를 간지르는
향긋한 봄 내음이

전해지나요
두근두근 요동치는
너를 향한 가슴 떨리는 진동이

올봄

삼월의 마지막 주가 벌써 가속도가 붙었다
이번 주는 삼월의 마지막 주라 그런지
화요일인데도 정신을 차릴 수 없을 정도로
시간이 빨리 달린다

1년을 보통 4분기로 나누는데
벌써 한 분기를 다 까먹었다

그래도 다행인 것은
봄이 오는 속도가 아주 느리다는 것
모든 것이 '빨리빨리'를 외치는데
나무늘보처럼 느릿느릿
천천히 다가오는 봄이 있어 아주 좋다

그뿐인가, 매일 아침 잊지 않고
가져다 놓는 선물 꾸러미가 있다
오늘 아침엔 초록 비가

밖이 궁금하여 창문을 열었더니
천지가 초록색으로 촉촉이 물들어있다.

베란다에도 봄이 가져다 놓은 선물로
빼곡히 발 디딜 틈이 없다
천리향 동백꽃 연산홍…
봄꽃 향기로 가득하다

아카시아꽃

집으로 가는 언덕 위
외로워 보이는 한 그루 나무

먼발치에서
내 모습이 보이면

하얗게 밝히고
반갑게 맞아 주었지

입을 크게 벌려
아름다운 향기를 뿜어내며
발걸음을 붙잡았지

자기의 꽃말처럼
우린 그런 사랑을 했었지

기막혔던 만우절

주일 날 교회는 가지만
늘 교회 앞마당만 밟고
이곳저곳 기웃거리다 올 때가 많았으나

오늘은 부활절 다음 날
4월을 여는 첫날
부활절 예배를 드리며 받은
은혜의 여운이 남아있어
오늘 새벽기도 모임까지 다녀왔다

어제까지만 해도
바람 속에서 찬 기운이 역력했는데
오늘은 거짓말처럼 봄기운 완연하다

설마,
오늘이 만우절이라
그런 건 아니겠지

꽃샘추위

봄봄봄
봄이 왔어요
꽃샘추위는
귀찮고 불편하지만
이번에는 반갑다 못해
사랑스럽기까지

새싹들에게 생명수 같은
단비와 동행했기 때문이다

마르고 볼품없이 서 있는
저 길가에 나목들은 물이 오르고
호기심 많은 연두빛 잎들은
고개를 빼꼼이
길가의 키 작은 들꽃들도
수줍은 듯 꽃망울을 터뜨리겠지

한가한 어느 봄날

꽃향기 훨훨 날아올라
코끝 간질이고
그대의 아름다운 미소가
내 곁에 있으니
따스하고 포근함에
마음이 깊어진다

마음 문 활짝 열어
봄맞이하고
봄 햇살에 안기니
사랑이어라

옥상 정원의 봄

올해도
어김없이 꽃샘추위가 찾아왔다

얼마나 더 잠들어 있어야
우화가 가능한지
새싹은 언제 움터 나올지
숨 막혀 다시 들어가는 건 아닌지
궁금증은 사라지지 않는다

옥상 정원으로 올라가 보니
긴긴 겨울을 이겨낸 것들이
하나둘 뾰족뾰족 문을 열고
머리를 내밀고 있다

눈보라 몰아치는 한겨울도 이겨 냈다고
얼음 땡땡 속에서도 끄떡없었다고…
자랑이라도 하듯이

질곡의 시간
잘도 견뎌냈구나

가까이에서 바라보니
끊임없이 변화하는 생명력을 느낄 수 있었다
내 곁을 지키는 옥상의 정원식물들과 교감해 본다

곧 봄의 문이 활짝 열리면
봄, 빼꼼 고개를 내민 수줍음
여기저기 환한 소식들이 필 테니까

혹 닫힌 마음이 있다면
수줍게 열어도 되지 않을까

나의 봄

그대는 내 고향의 봄

그대 향기는 고향의 봄꽃 향기

그대 모습은 정겨운 고향의 모습

그대 목소리는
고향 안방의 편안함이.

봄비

꽃내음 물씬 풍기는 아름다운 계절
정점을 찍는 듯 봄비가 내린다

메말라 보이던 숲속엔 풍요로움이 가득
우리 집 앞 도로에는 깨끗함과 청결함이 가득

내 방 창문에는 은구슬이 가득
내 귀에는 아름다운 멜로디로 가득
내 마음엔 포근함과 설렘이 가득하다

완성된 봄

3월아 고맙다
이토록 눈부시게 아름다운
봄을 만들기 위해
인고의 시간을 보냈구나

그것도 모르고
봄이 더디 온다며
궂은 날씨와
찬바람을 원망했는데
이제야 알게 되었네

완성된 봄을 만드는 재료였다는 것을

자연의 배려

봄꽃들이
다칠세라
봄바람은 살랑살랑 불어오고

봄꽃들이
꺾일세라
봄비는 사분사분 흩뿌린다

5월

산과 들의 푸르름은
마음을 편안하게 하고

향기 짙은 봄꽃들은
마음을 상쾌하게 하고

맑고 밝은 푸른 하늘은
내 마음을 열어놓는다

봄 소풍 가는
해맑은 어린이 마음으로

떠나는 봄

보슬보슬
봄비가 내린다

이제
봄이 떠나려나 보다
비와 섞여 내리는
봄의 눈물이
보이는 듯 느껴진다

그동안 잦은 비와 무더위로
함께한 시간이 너무 짧아서인지
아쉬운 듯하지만
떠날 때도 되었지

사월도
며칠 남지 않았으니

제3부 비 내리던 연휴

매미

무지개

바람

선풍기

꽃길

수다쟁이

강변 라이딩

반 팔 티 입는 날

천의 얼굴 물

에어컨

비 내리던 연휴

오염된 물

매미

어둡고 차가운 땅속에서
인고의 시간을 보내며
다듬어진 너의 목소리

푹푹 찌는 여름날의 무더위
뜨거운 태양의 열기를 식히는
마법에 걸린 듯

청량하다 못해 그 시원함은
얼음장 밑으로 흐르는 물소리와
비할 바 아니다.

무지개

천둥 번개와
요란한 빗소리로

그렇게 성질을 피더니
벌써 풀렸나

아름답고 예쁨을 넘어
찬란하기까지한
빛에 향연으로

화해의 손짓
너도 나를 많이 닮았네

바람

본성이 조용한
너

나뭇잎을 흔들어
자신의 존재를 알릴 만큼
수줍음이 많은
너

오늘은
선풍기 날개로
어떤 말을 듣고 싶은 거니

"그래, 고맙다."
바람아

선풍기

청소로 땀이 뻘뻘
우리 아내
강풍으로 더위를 싹

조리대 앞에
우리 아내
시원한 산들바람으로

애들과 남편 뒷바라지에는
자연풍으로 상쾌하게

새근새근 코자는 우리 아이
수면풍으로 사알살

맞춤 바람 우리 집 선풍기
올여름도 수고 부탁

꽃길

넓은 꽃밭 한가운데
작은 꽃잎 사이로 스며드는
햇살의 따사로움

나를 환영한다는
꽃잎들의 소리 없는 향연

나의 볼때기를
만져보고 달아나는
저 바람의 손길에
내 얼굴은
홍당무가 되었다

수다쟁이

창문 밖에서 들려 오는
매미들의 이야기 소리가
유난히도 크고 요란하다

매미들도 요즘엔
할 이야기가 많은가 보다

누군가는 매미 우는 소리라고
슬프고 괴로워서 우는 소리가
저토록 예쁘고 아름다울 수 있을까

내 귀엔 수다쟁이 매미들의 이야기 소리로 들린다
어제 나무 밑에서 큰소리로 다투던 인간들의 이야기
요란한 소리를 내며 급하게 달리는 구급차 이야기
나무 밑 벤치에서 사랑을 속삭이던 연인들의 이야기

어제 한강 변에서 놀던
친구 매미가 찾아와서 전하는 이것저것

자기들을 잡아 보겠다며
매미채 들고 종횡무진 뛰어다니던
어린아이의 귀여운 모습

땅속에서 7년 살며
그곳에서의 희로애락
또 경험했던 여러 가지 이야기들

호기심에 어느 집 창문틀에 앉았다가
우연히 듣게 된 인간들의 가정사
참으로
할 이야기가 무궁무진 많은가 보다

해 질 무렵, 저 나무 밑에 찾아가
가슴 시린 내 이야기도 전해 볼까나

강변 라이딩

봄 햇살에
온몸이 흠뻑 젖는다

눈이 즐겁다
초록이가 빼꼼이 고개를 내민다

코가 즐겁다
봄꽃 향기와 물비린내

입이 즐겁다
나도 모르게 흥얼거리는 사랑의 멜로디

귀가 즐겁다
풀벌레 노랫소리와 바람 소리 물소리
그리고 상큼한 봄의 숨소리에

피부가 즐겁다
간간이 부딪치는 날 파리떼와의 접촉

생각이 즐겁다
시시때때로 변하는
자연과 설레는 만남

마음이 즐겁다
세상을 품에 안은 듯…

반 팔 티 입는 날

다음 주면 5월 5일
반 팔 티를 입기 시작하는 어린이날
이미 볼때기에 와 닿는 바람은
사랑하는 여인의 입김처럼
따뜻 포근하다

꽤 오래전부터
5월 5일을 기준으로
반 팔 짜리로 바꿔 입는다

5월 5일은
내가 정해 놓은 여름의 시작점
올봄은 너무 짧아 아쉽지만

여름꽃들이
꽃망울을 한껏 부풀리고
대기 중인지라
여름이 또 기다려진다

천의 얼굴 물

숲속 조그만 풀잎 끝에 맺힌
이슬 한 방울
실개천이 되고
개울이 되고
하천이 되고
그 하천은 큰 강물을 만나고
결국은 바다에 모인다

디테일이
하나씩 모여
큰 그림이 되듯

풀잎에 맺힌
이슬 한 방울
바다의 주인이 된다

에어컨

평소에는
소 닭 보듯이 하며 관심조차 없다
여름만 되면 붙어 다니며
절친을 넘어 연인 관계가 되지

잠깐의 볼일로 나갔다 올 때면
널 보느라 고개를 젖히고 한참을 바라다본다
이런 만남이 나에게는
무엇과도 비교할 수 없는 행복이었지

올여름에도 가장 많이 찾고
가장 많은 시간을 함께할 동반자겠지

나의 살짝 스치는 터치에도 반갑게 반응하며
사랑의 스킨십으로 받아주는 너,
덥고 끈적끈적한 공기를
맑고 상쾌하고 시원한 공기로 바꾸며
나에게 반응하겠지.

너를 사랑의 마술사라고 불렀고
낯선 곳을 가더라도 늘
어디 있는지 두리번거리며 너부터 찾았지

이런 행복한 추억들이 차곡차곡 쌓였으니
내년 여름까지 서로 참으며 이겨낼 수 있을 거야

기나긴 기다림의 아쉬움
달랠 수 있도록
올여름 다 지났지만
몇 번 더 너에게 다가가 보련다

내년에 다시 만남을 기약하며
'안녕'
사랑의 마술사!

비 내리던 연휴

빗줄기 사이로
전해지는 아카시아 향기와
지천으로 피어 있을 안양천의 장미꽃이
그리워지는 월요일 같은 화요일이다

지난 연휴 내내 오락가락하는 비로
일정은 엉망진창 바뀌었지만
그런대로 알찼고
기쁨과 즐거움의 소득이 있었다

계획했던 라이딩과 나들이 계획
이번 주에 해야겠다고 생각하니
일주일이 벌써 꽉 찼다.

비로 얼룩진 연휴에
머리를 스치는 몇 줄로
스멀스멀 시상이 떠오른다

오염된 물

왠지 마음이 허전하다
나도 모를 슬픔이 온몸에 안개처럼 젖어 든다

그냥 털썩 주저앉아 울고 싶다
내 안에 모든 공간을 슬픔으로 꽉 채워 본다

볼을 타고 흐르는 오염된 물
머리가 밝아지며 착하고 선함으로
온몸을 채워나간다.

제4부 가을날의 꽉 찬 회상

낙엽
가을비
호수
낙엽
가을날의 꽉 찬 회상
가을밤의 회상
저녁노을
도토리
여의도
가을 소풍

낙엽

자신의
살과 피를

모두
내어주고

볼품없이
오그라질 대로 오그라진 너

그것으로
충분히 위대하지만

또다시
거름이 되려 하는구나!

낙엽 하나를 주워
책갈피에 꽂는다

가을비

창문을 두드리는 노크 소리
가을 냄새가 솔솔

빗방울 하나에
가을이 몇 개씩 묻어 있다

이쁜
가을이 오고 있다

큰 목소리로 떠들던
매미들의 이야기 소리도

이제는
잔잔한 귀뚜라미 소리로 바뀌어 가고

초록이들도
울긋불긋 꽃단장에 분주하다

밤 도토리
머루 다래 익어가는 소리에
내 가슴이 콩당콩당

정겹고 풍요로운
가을밤의 향연

호수

호수 위에
떠 있는 출렁다리

한가로이
오리 떼 물 위 맴돈다

둘레길엔
꽃길이 깔리고

청명한 여느 가을날
물 위 나르는 이름 모를 새

어여쁜
내 사랑만 하리

낙엽

조그만 바람에도
비틀거리고
날리고

살짝 부딪히기만 해도
부서져 버릴

가볍고
연약해 보이는 너

지치고 힘든 우리에게
그늘과 산소를
제공해 주느라
무척 힘들었겠지

오늘도
낙엽 하나 주워
책갈피에 꽂는다

가을날의 꽉 찬 회상

꽉 찬 한 주를 선물로 받은 시월의 월요일 아침
하늘은 높고 푸르고 쾌청하고 바람은 시원 상쾌하다
봄을 닮은 가을을 만난 느낌이다

오늘도 느지막하게 일어나
아침 겸 점심을 먹고 소화를 시킨답시고
옥상 난간에 기대어
한참을 세상 구경을 하며 시간을 보낸다

생각에 잠기기 딱 좋은 날씨에
향이 짙은 커피 한 잔 옆에 놓고
시 한 편을 쓴답시고
이런저런 낯선 생각들을 마구잡이로 써 본다

내 볼때기를 만져보고 달아나는
저 바람에게도 무어라 한마디 해 보고
저 멀리 보이는 앙상한 나뭇가지에도 말을 걸어본다

가을밤의 회상

늘 나이만 생각하면 몸과 마음이 오그라들었는데
내가 젊었다면 어찌 이런 여유로움
마음껏 즐길 수 있을까
내 나이가 고맙게 느껴지기도 한다

문득 나이가 지긋하신
어느 노 교수님의 말이 생각난다
60대에서 70대로 넘어가는 시간은
눈 한번 껌벅할 때 걸리는 시간만큼이나 짧아진다고

하지만 나는 얼마 남지 않은 60대
늘릴 수 있는 데까지 늘리고 늘려 가늘고 길게…

창문을 열고 싶은데 찬바람이 들어올까 봐
면도날만큼 열었다는 어느 시인의 노래처럼
나의 남은 60대를 면도날보다 더 얇게 늘려서
오랫동안 사용하고 싶다

저녁노을

들녘 길에 서서
저녁노을을 본다

실시간으로
형형색색 바뀌는 빛의 향연

환상의 속으로
빠져든다

늘
마음속에 꿈꾸던
유토피아가
저런 모습일까

도토리

도토리를 보면
옛날 초등학교 시절이 생각난다
앞이마가 유난히 튀어나왔던 경수
친구들은 이름 대신 '앞짱구'라 불렀지

지금 또 생각난다
까까머리에 소매가 짧아 보이는 듯한
물려받은 교복

또, 수줍음을 많이 탔던 경수는
무슨 말만 하면 손이 머리로 올라가
밤송이 같은 머릴 쓸어내리곤 했지.

그랬던 경수는
어디에서 어떤 모습으로 살고 있을까

이제 종심을 바라보는 나이
도토리를 닮은 이마에도 주름살이 생겼을까

여의도

여의도는 내 인생의 터닝 포인트
내 인생의 반환점을 돌자마자 만난 곳
나의 부가가치를 높여 준 곳
새로운 꿈과 희망을 찾은 곳

내 인생의 후반부를
뜻 있고 값있게 채워주는 곳
여의도엔 시인대학이 있다.

가을 소풍

소풍 가기 전날 저녁의 설렘이던 기억
초등학교 4학년 5학년쯤 되었을까

가방에는 도시락과 삶은 계란 그리고
과자 몇 봉지와 음료수 한 병
어디로 갔었는지 기억은 없지만
산길을 한참 올라갔던 기억

점심을 먹고 음료수를 마시려는데
음료수 뚜껑을 열지 못해 혼자 애를 쓰다
그냥 집으로 가져온 기억

지금도 쓴웃음이 난다
선생님께 열어 달라고 하면 되었을 것을…

지금도 기억이 뚜렷하다
집에 와서 마셨던 그 음료수 맛

첫눈

첫눈
그냥 읽었을 뿐인데 가슴이 두근거린다

아련하게 떠오르는 그날의 추억
하필 그녀와의 약속이 있던 그날 첫눈이 내렸지

오후 시간부터 내리기 시작한 눈은
기록을 시작한 이래 최고로 많이 내렸다는 그날의 첫눈

서울의 모든 교통은
마비가 되었고

퇴근 시간에 맞추어 약속을 했던 만남은
밤 10시가 훌쩍 넘어서 그녀의 손을 잡을 수 있었지

지금 생각하면
그다음 날 교통이 편해졌을 때 만나도 되었으련만

그녀를 봐야 되겠다는 마음에
생각조차 못 했었지

아마도 하늘이 무너졌다 해도
포기하지 않았을 거야

매년 첫눈이 올 때면 그녀의 밝은 미소가
눈과 함께 내려와 내 가슴을 적신다

제5부 **겨울이 좋다**

널 닮은 겨울

겨울이 좋다

16강전

만추를 지나며

양지꽃

요즘 날씨

확실히 해요

널 닮은 겨울

갑자기
쌩하고 부는 바람도

갑자기
차가워지는 것도

영문도 모르게
싸늘해지는 것까지

귓전을 때리는
너희 호통에
가슴이 서늘해지는 것도

'흥'하며 돌아서는
너의 모습에
온몸이 얼어 버리는 것까지

널 꼭 닮았어

겨울이 좋다

얼마 남지 않은 가을
맘껏 가을을 즐기자

이제는 가을의 끝자락에 있는 듯
이번 주말 비가 살짝 오고 나면
기온이 뚝 떨어지겠다

겨울이 가을보다 좋고
여름보다도 확실히 더 좋다
그 까닭이 분명하진 않지만
겨울은 따뜻함이 곳곳에 있다

군고구마 먹는 것도 좋지만
뒹굴뒹굴하다가 싯(詩)발을 펼치기에도 좋다
여름엔 덥고 후텁지근한 그것과는 차원이 다르다.

또 가는 곳마다
따뜻한 차와 따뜻한 난로가 있다

그뿐만이 아니다
따뜻한 난로 앞에서 차 한잔 나누며
함께하는 따뜻한 대화는 나의 심연
깊은 곳까지 따뜻함이 전해진다

그리고
헤어지며 건네는 따뜻한 손난로 하나
밖이 추우니 따뜻하게 입고 나가라는 카톡 한 줄
말 한마디 간단한 문자 한 줄이
나의 마음을 따뜻하게 해 준다.

또 겨울에는
크리스마스가 있고 하얀 눈이 내리고
가끔 볼 수 있는 처마 끝 고드름

사랑은 오래 참고, 사랑은 온유하며
사랑은 자랑하지 아니하며 교만하지 아니하며
이런 성구가 생각나게 하는 것도 또한 겨울이다.

16강전

화사한 웃음으로 시작해야 할 화요일 새벽
온 집안이 고요한데 나 홀로 TV 앞에 앉았다

아쉬움과 가슴이 오그라드는
고통의 시간이 연속이다
상대는 하필 피파 랭킹 1위
세계 최강 브라질

이틀 전, 조별 리그 통과를 위하여
혼신을 발휘하며, 모든 걸 다 쏟아냈다

속이 텅 비어 있는 태극 전사들
충분한 휴식으로 재충전한 최상의 그들
전반전은 체력 고갈과 개인기에 밀려 4대0 패

정신은 육체를 지배하는 법
이대로 무너질 수는 없다
후반전은 강인한 정신력으로
그들을 압도하며 1대0으로 승리

하늘은 스스로 돕는 자를 돕는 법
온 국민과 선수들의 간절함이 하늘에 닿았다

백승호 선수의 낮은 중거리 슛
브라질과 우리 선수들의
몸 사이사이를 피하고 피해서
들어갈 확률은 0.03%

슛 골인! 벌떡 일어나 함성을 질렀다
정말 행운이 아닐 수 없다
이 순간을 누군가와 함께하고 싶어
베란다 문을 열었다
볼때기에 닿는 겨울바람이 차갑지 않고
시원하고 상쾌하다

오늘은 왠지
나에게도 이런 행운이 찾아올 것 같다
행운의 노크 소리를 놓치지 않도록
오늘은 귀를 쫑긋 세워야겠다

만추를 지나며

만추,
단어 하나 적었을 뿐인데
머릿속에는
온갖 아름다움과 울긋불긋한 단풍에 마른나무 가지
그리고 쓸쓸함까지 뒤범벅이 다 되었다.

마음에는 따뜻한 감성과
추억의 그림자로 가득 채워졌다

요즘 만추라는 단어가 딱 어울리는 그런 날씨이다

인생을 사계절에 빗대 본다면
25세까지는 봄
50세까지는 여름
75세까지는 가을
100세까지는 겨울

요즘에는
100세를 넘기는 경우가 많으니
계절을 하나 더 만들어야 될 듯하다.

25세까지 봄
50세까지 여름
75세까지 가을
100세까지 만추
125세까지 겨울

나는 지금
어디쯤 가고 있을까?
아니 청춘의 기준은
몸이 아닌 마음에 두는 것이리라.

열정과 꿈이 있고
호기심을 잃지 않았다면
나는 아직 청춘이겠다

양지꽃

초록이들로 가득한
구석 모퉁이에서
용기를 내어 고개를 내민 양지꽃

너무 여려서 다칠까 걱정에
가까이 가지 못하고
허리만 구부려 본다

노란 꽃잎이
유난히 연약해 보이지만
삭막한 겨울의 찬바람을 이겨낸
그 의지로 버텨 보렴

따뜻한 봄바람이
널 응원하러 부지런히 오고 있으니

요즘 날씨

겨울인데 가을 느낌이 나는 건가요
가을인데 겨울 느낌이 나는 건가요

예전에는
이 정도쯤 답을 내는 데는
일도 아니었는데
요즘엔 헷갈린다
나이 탓인가

하나둘 단풍이 드는가 싶었는데
어느덧 다 떨어졌어요
몇 개 남지 않은 낙엽이
이 가을을 붙들고 있는 듯
애처로워 보이기까지 합니다

겨울비

주륵 주륵 겨울비가 내린다
길고 지루할 것만 같았던 겨울

이렇게 끝나는 것은 아닌지
아쉬움이 남는다

시작부터 강하고 매섭게
자신의 존재감을 과시하더니

강하면 부러진다는 말처럼
일찍 꺾여버린 건가

그럴 거면서 왜
아니면 샘이 많았던 건가

베란다에 있던 예쁘고 아름답던 화초들을
모조리 꺾어버렸다

봄이 오면 새싹이 나올지 알 수 없다

그래
화초들의 저주일지도 모른다

순백색의 아름다운 모습으로
너울너울 춤을추며 내려와
온 대지를 덮고
백색의 향연을 펼쳐야 할 텐데

빗물이 되어
눈물같이 주르룩 흘러내린다

그래
예쁘고 아름다운 내 화초들을

모조리 꺾어버린 대가일 꺼야

확실히 해요

하여튼 요즘은
경계가 불분명해요.
가을인 듯 겨울인 듯
자유인 듯 부자유인 듯
평화인지 전쟁인지
호기심인지　의심인지

당신과 나 사이도
사랑하는 건지 좋아만 하는 건지
경계가 애매하고 모호하네

사랑이면 사랑
미움이면 미움

확실히 할 수 없나요.

화이트 크리스마스

아침부터 눈이 내린다

크리스마스가 얼마 남지 않아서
화이트 크리스마스를 준비하시나 봅니다

왠지
눈이 오고 날씨가 추워지면
크리스마스가 떠오르는 이유는 무엇일까

젊었을 때의 크리스마스
말해 무엇하겠습니까?

정말 즐겁고 재미나는
좋은 추억들

모두 엊그제 있었던 일처럼
기억 속에 생생하다

제6부 사랑의 신기루

사랑은 신기루

사랑은

생선 뼈

사랑(1)

사랑(2)

사랑(3)

사랑(4)

사랑(5)

웃음꽃

눈물

사랑이란

사랑은 신기루

멀리 있을 때는
보이는 듯하여

가까이 가면
보이지 않고

다시 보고파 떨어지면
사라져 버리는 것

거리를
맞출 수가 없구나

사랑은

잡힐 듯
잡히지 않고

보일 듯
보이지 않으며

느낄 듯한데
느껴지지 않고

주고 싶지만
어떻게 줄지 모르고

받고 싶지만
받을 수 없네

미워죽겠는데
가까이 가고 싶은 마음

너무 어려워
쉬운 사랑 어디 없나요

생선 뼈

자기 것을
모두 내어준 앙상한 모습

주어도 또 주어도
끝이 없음을 알았는지

날카롭고 딱딱한
모습으로 변했네

이제는 누구도 가까이 올 수 없도록
가시가 되었네

사랑(1)

사랑은
설렘 기쁨
아름다움으로 머물다
슬픔 아쉬움
눈물을 남긴다

이 또한
사랑해야 할
사랑의 결과물인 것을

사랑(2)

이번 사랑도
어김없이
상처를 남겼다

어디
아무도 사랑하지 않은 마음을
파는 곳 없나요

사랑(3)

또 내 마음이
사랑을 하려 한다

이번엔
사랑의 결과물인
상처를
사랑해야겠다

사랑(4)

사랑은
가까이 있을 때는
보이지 않지만
멀어지면 보이는 것

사랑은
말하지 않으면 점점 커지지만
말을 섞기 시작하면
점점 작아지는 것

사랑은
멀리 있을 때는
한없이 크지만
가까이 가면
점점 작아지고
다시 멀어지면
소멸되는 것

사랑(5)

모든 걸
내어주고 싶지만
무엇을 어떻게
주는 건지 몰라
아무것도
주지 못하는 것

웃음꽃

너는 나의 봄
늘
너를 보면
꽃이 피었는데

이제는
널 생각만 해도
꽃이 피고

널 떠올리기만 해도
꽃이 피는구나

지금도 피었네
웃음꽃

눈물

눈물의
맛을 아는가

쓴맛 신맛 짠맛 단맛
그리고 싱거운 맛

눈물의
다섯 가지 맛
모르는 자
사랑을 말하지 말자

사랑이란

멀리 있으면 생명이 길지만
가까이 가면 수명이 짧아지는 것

멀리 있을 때는 너만 보이지만
가까이 가면 내가 보이는 것

멀리 있으면 무엇이든지 해 주고 싶지만
가까이 가면 받고 싶은 것

멀리 있으면 눈시울을 살짝 적시지만
가까이 가면 눈물 펑펑

멀리 있을 때는 모든 것이 나와 같아 보이지만
가까이 가면 나와는 너무 다른 것

멀리 있을 때는 점점 커지지만
가까이 가면 점점 작아지는 것

멀리 있을 때는 쉬워 보이지만
가까이 가면 매우 어려워지는 것

멀리 있을 때는 바라만 보는 것으로 만족하지만
가까이 가면 스킨십으로도 부족한 것

멀리 있을 때는 영원할 것 같지만
가까이 가면 유통기한이 생기는 것

제7부 늦은 깨달음

발
세월아
늦은 깨달음
손
세월
쓸데없는
동심
아들
인생 정리
뻥튀기
지하철에서
눈과 마음
거짓말
교회 주차 봉사
마른 나뭇가지

발

나를 항상 즐거운 곳으로 인도하는 너
좁고 어둡고 냄새나는 공간에서
넓고 밝고 향기로운 곳으로 나를 데려다 주지

내가 기쁠 땐 가벼운 발걸음으로
내가 슬플 땐 무거운 발걸음으로

산길도 들길도 자갈길도 진흙탕 길도
걷고 뛰고 때론 춤추며

자신의 희생으로 날 행복하게

세월아

나의
영원한 동반자 세월

먼저
가면 좋으련만

굳이
함께 가겠다 하네

요즘에는
왜 이리 빠른지
따라가기조차 힘겹네

좀
쉬었다 가자 해도
대꾸도 없네

날
좋아하는 건가

내 곁에서
떨어지지 않는 걸 보니
싫지는 않은가 보네

나의 사랑
나의 동반자

이제는
손을 꼭 잡고 가세나

늦은 깨달음

몸이 무겁다

앉았다 일어설라치면
아이쿠 소리가 절로 나온다

많은 걸 움켜쥐고 있나 보다
욕심 증오
미움 원망 분노…

꼬불꼬불
굽은 인생길

굽어질 때마다
버리지 못하는 것들

이제
모두 내려놓으니

새털처럼
가벼운 몸과 마음

와
하늘을 나는 기분

그래
바로 이거야

손

수 없는 세월을 함께하지만
내 뜻을 한 번도 거스리지 않는 너

잡고 놓고 받고 던지고 밀고 당기고
그뿐인가

맛있는 것만 있으면
언제나 나에게 먼저
위험할 땐 항상 먼저 앞장서지

내가 다치지 않도록
자신을 던져 희생하는
나의 가장 믿음직한 동반자

세월

늘 스치고 지나가지만
어찌나 빠른지 잡을 수가 없다

쫓아가 보려 해도
어느새 저만치 멀어져 보이지 않는다

항상 터치하고 가는 걸 보면
내가 그리 싫지는 않은가 본데

내 마음을 어찌 알았을까
잡으면 놓지 않을 거라는 것을

쓸데없는

참으로 큰일입니다
요즘 시간이
무척 빨리 가고 있는데
그 누구도 느끼지 못하는가 봅니다

올해 달력도
한 장밖에 남지 않았습니다

그뿐인가요?
벌써 주말이 코 앞입니다

태양이 빨리 도는지?
지구가 빨리 도는지?
급히 알아봐야 되는 거 아닌가요?

과학자들은 뭘 하고 있는지
참 참 참

이러한
중차대한 우주의 변화가 진행되고 있는데
어찌 뉴스에서는 다루지 않는 건가요
쓸데없는 보도만 넘쳐나니 말입니다

그리고 또하나
이 범인은 꼭 잡아야 합니다

누가 하루를 24시간으로 만들어 놓았나요
30시간으로 만들어도 부족할 텐데
참으로 한심합니다

쓸데없는 거 왜 했나요
제발 부탁입니다
누구에게나 쓸 데 있는 걸 해줘요
감사할게요.

동심

아침에 눈을 뜨니
왠지 마음이 허전하다
누군가 내 마음 또 가져갔나
범인이 누군지
왜 가져갔는지
이유를 찾느라 한참을 뒤척였건만
원인을 찾지 못하다 한참 만에야
베란다 문을 열고 나가면서 내 마음 찾았다

봉오리를 한참 부풀리고 때를 기다리던 동백꽃
드디어 봉오리를 터트리고 탐스러운 꽃으로 되었다
요즘 며칠 이런저런 일로 분주해
베란다에 나가 보지 못했었는데
동백꽃이 서운했었나 보다
잠든 사이
내 마음을 몰래 가져갔으니…

활짝 핀 동백꽃 앞으로 다가가
코를 바짝 대고 벌렁거리며 향기도 맡아 보고
손으로 만져보고 사진도 찍어 본다

동심의 마음으로 돌아가
동백꽃과 한참 놀았다.

어린아이의 미소가 아름다운 건
그 안에 동심이 들어 있기 때문이리라

아들

집안의 장손
나의 꿈
나의 희망
나의 작은 별

네 작은 미소가 아빠의 큰 행복
오늘도 적어 본다

너의 장점 그리고 좋은 점이
어느덧 100가지가 넘었다

너의 꿈을 마음껏 펼쳐라
하나님 주신 달란트!

인생 정리

태어날 때
??? 물음표

살면서
!!! 느낌표

지금은
,,, 쉼표

천국에선
. . . 마침표

뻥튀기

시골 장터의 정겨운 풍경
뻥이요, 소리에 귀를 막는다

누구는 입만 열면 뻥을 치기에
나는 또 귀를 막았다

진실은 간결하고 조용하다
거짓말은 요란하고 시끄럽다
그래도 내 친구는 양심만은 있다

거짓말을 할 때는
동네 구멍가게에서
'뻥이요' 과자를 사서 먹으며 말을 한다

누구도 그 친구의 말이 거짓말인지 모르지만
나는 '뻥이요' 과자를 먹는 이유를 안다

지하철에서

지하철 내 자리
내어주고 싶지만

어떻게 주는 건지
몰라서도 아닌데

양보하지 못한 채
눈치만 살살

두 눈을
지그시 감는다

눈과 마음

눈으로 보면
모든 걸 갖고 싶지만

마음으로 보면
내 것도 주고 싶다

거짓말

진실은
나를 불편하게 하지만

거짓말은
즐겁고 때로는 행복하고

나의 자존감을
한층 높여 줄 때도 많다

이 어찌하리오.

교회 주차 봉사

차 키를
놓고 가라고 하는데
자꾸만
가지고 간다

아하
하나님 말씀을
듣기 위해서 왔는데…

사람 말을 먼저 들으라고 하니…

마른 나뭇가지

남들처럼
하나씩 보내면 될 텐데

떨어뜨리기가
힘들었나 보다

끊어 버릴 수 없는
그 정이 아파서

뼈가 부러지는 고통을
선택했구나

에필로그

드디어 시집 한 권이 만들어졌습니다. 모든 것이 서툴고 부족합니다. 나름대로 최선을 다했고 노력과 정성, 그리고 나의 귀중한 시간이 녹아있어 뿌듯한 마음이고 기쁘고 행복합니다.

우선 가까이에 계신 지인분들과 저에 어쭙잖은 개그에도 웃어 주시고 화답해 주시고 늘 칭찬과 격려와 응원을 아끼지 않으신 시인 대학 10기 동기생들과 박종규 교수님께 감사하다는 말씀을 드리는 것이 순서일 듯합니다.

평생 하던 일을 정리하고 인생 2막을 즐기기 시작한 지 이제 5년째에 접어들었습니다. 그동안 이곳저곳을 기웃거리며 취미 생활을 즐기던 중 만나게 된 시 쓰기와 수필 쓰기는 내 인생에 터닝 포인트가 되었습니다. 사실 개인 단독시집까지 출판하리라고는 상상도 못 했었는데 말입니다.

문득 이런 말이 생각납니다.

"결심하라 그러면 뜨거워진다.
시작하라. 그러면 이루어진다."

전혀 나에게 어울리지 않았던 시를 써 보겠다는 결심을 하고 시작하니 어엿한 시집 한 권이 나왔네요. 기왕에 여기까지 왔으니 욕심을 하나 더 부린다면 시집에 있는 시 한 편이 외로운 자의 위로가 되고 절망 속에 주저앉은 분의 무릎이 될 수 있다면 참 좋겠습니다.

모든 환경과 여건을 만들어 주시고, 귀한 시간을 허락하신 하나님께 진심으로 감사드립니다.

**2024년 한여름 어느 날
시인·수필가 오 세 창**

초판 인쇄	2024년 06월 12일
초판 발행	2024년 06월 17일
지은이	오 세 창
발행처	다담출판기획 TEL : 02)701-0680
	서울시 영등포구 영신로30길 14, 2층
편집인	박 종 규
등록일	2021년 9월 17일
등록번호	제2021-000156호
I S B N	979-11-93838-12-9 03800
가격	14,000원

본 책은 지은이의 지적재산이므로 무단전재와 복제를 금합니다.